Anonym

Der Arabische Frühling, das Internet und die sozialen Netzwerke

GRIN Verlag

Bibliografische Information der Deutschen Nationalbibliothek:

Die Deutsche Bibliothek verzeichnet diese Publikation in der Deutschen National-
bibliografie; detaillierte bibliografische Daten sind im Internet über http://dnb.d-
nb.de/ abrufbar.

Impressum:

Copyright © 2013 GRIN Verlag GmbH
Druck und Bindung: Books on Demand GmbH, Norderstedt Germany
ISBN: 978-3-656-65735-4

Dieses Buch bei GRIN:

http://www.grin.com/de/e-book/273568/der-arabische-fruehling-das-internet-und-
die-sozialen-netzwerke

GRIN - Your knowledge has value

Der GRIN Verlag publiziert seit 1998 wissenschaftliche Arbeiten von Studenten, Hochschullehrern und anderen Akademikern als eBook und gedrucktes Buch. Die Verlagswebsite www.grin.com ist die ideale Plattform zur Veröffentlichung von Hausarbeiten, Abschlussarbeiten, wissenschaftlichen Aufsätzen, Dissertationen und Fachbüchern.

Besuchen Sie uns im Internet:

http://www.grin.com/

http://www.facebook.com/grincom

http://www.twitter.com/grin_com

#ArabSpring

Der Arabische Frühling, das Internet und die
sozialen Netzwerke

Einführung

Der Arabische Frühling wird hierzulande häufig als eine Art Internet Revolution betrachtet. Jedoch befassen sich Tages- und Wochenzeitungen häufig nur oberflächlich und am Rande mit der Frage, inwieweit das Internet tatsächlich eine tragende Rolle im Umbruch in der arabischen Welt gespielt hat. Denn Wissenschaftler sind sich beileibe nicht einig in der Frage. Vielmehr spaltet sich die wissenschaftliche Welt der Internationalen Beziehungen in zwei Lager: Das eine, welches überzeugt ist, dass es die Umbrüche in der arabischen Welt ohne das Internet und die Sozialen Netzwerke in *der* Intensität und Schnelligkeit nie gegeben hätte und das andere Lager, welches die Rolle von Internet und sozialen Netzwerken herunterspielt und besonderes Augenmerk auf die „realen" Proteste auf den Straßen richtet. Francesca Comunello und Giuseppe Anzera haben sich in ihrem Aufsatz „*Will the Revolution be Tweeted? A Conceptual Framework for Understanding the Social Media and the Arab Spring*" auf einer Meta-Ebene eben diesen Fragen gewidmet. Besonders im Fokus dabei steht das Pro und Contra und die Darstellung der beiden Lager. Vasileios Karagiannopoulos taucht in „*The Role of the Internet in Political Struggles: Some Conclusions from Iran and Egypt*" tiefer in die Materie ein und analysiert zum einen die Kapazitäten Irans und Ägyptens für eine solche Internetrevolution und zum anderen – was gerade in Bezug auf den Aufsatz von Comunello und Anzera interessant ist – zeigt er auf, an welcher Stelle welches der beiden Lager in welchen Punkten richtig liegt.

Womit wir es zu tun haben

Comunello und Anzera behandeln zunächst die Herrschaftssysteme der vom Arabischen Frühling betroffenen Länder. Neopatrimonialistisch nennen sie sie und zeigen auf, mit welchen Mechanismen sich beispielsweise die ehemaligen Staatschefs Gaddafi, Mubarak oder der amtierende Syrische Staatschef Assad die Macht sicher(te)n. Zu diesen Mechanismen zählen unter anderem die Garantie von Privilegien zum Erhalt der Loyalität der Führungselite, das Besetzen von Spitzenpositionen in den Sicherheitskräften durch enge Vertraute und die strikte Kontrolle der Medien. Dass in genau diesem System allerdings auch die größte Schwachstelle liegt, veranschaulichen Comunello und Anzera mit dem Beispiel einer Wirtschaftskrise, dem empfindlichsten Moment eines solchen neopatrimonialistischen Staates. Denn gerade, wenn Arbeitslosigkeit, Armut und Korruption ungebremst anstiegen, drohe die Lage in einem solchen Land zu kippen. Die Führung müsse Zugeständnisse an die Bevölkerung machen. Zugeständnisse in Form von Subventionen für Lebensmittel und Kraftstoffe auf der einen, aber auch Zugeständnisse in Form von formalen Wahlen oder das Zulassen der Gründung von Parteien auf der anderen Seite. Kämen Maßnahmen solcher Art zu spät oder in zu geringer Intensität, drohe die Moral der Bevölkerung zu kippen. Und mit einem solchen Fall haben wir es im Arabischen Frühling zu tun.[1]

Zwei Sichtweisen

Und an dieser Stelle diskutieren Wissenschaftler auf der gesamten Welt über die Frage der Rolle des Internets während der Aufstände. Die eingangs genannten Lager werden von Comunello und Anzera als die Folgenden benannt: Die *digital-evangelists* sprechen dem Internet und Sozialen Netzwerken eine tragende Rolle im Arabischen Frühling zu, für die *techno-realists* wiederum sind Internet und Soziale Netzwerke nur eine Randerscheinung und eher ein probates Mittel der Regierung sein Volk zu kontrollieren. In acht Unterscheidungen stellen Comunello und Anzera die unterschiedlichen Positionen dar: (1) *Ideology and planning*: Das Internet könne ein herausragendes Instrument sein, um Ideologien, Doktrinen und Gedanken zu verbreiten, schnell zu planen und den Einfluss der (staatlichen) offiziellen Medien zu schmälern. Andererseits könnten gerade Menschen in ländlichen Gebieten, Ältere und die unteren Schichten davon nicht tangiert werden. (2) *Training and tactics*:

---

[1] Vgl. Comunello, Francesca / Anzera, Giuseppe 2012: Will the Revolution be Tweeted? A Conceptual Framework for Understanding the Social Media and the Arab Spring, in: Islam and Christian Muslim Relations 2012: 4, S. 454 – 455.

Soziale Netzwerke, besonders das Videoportal YouTube könnte ein effektives Instrument in Bezug auf taktisches Training der Rebellen sein. Diese Auffassung könnte allerdings auch eine westeuropäische, naive, gar romantische Haltung und solche Maßnahmen ein völlig ungeeignetes Mittel zum Zweck sein. (3) *Communication*: Befürworter sehen in Internet und sozialen Netzwerken die Möglichkeit der schnellen und sicheren Kommunikation mit anderen Zellen und Gruppen. Gegner dieser Ansicht konstatieren, dass der Internetzugang nicht weit genug verbreitet sei und darüber hinaus staatlich überwacht werden könne. (4) *Deployment and rapid response*: Das Internet könnte ein wirksames Werkzeug in Bezug auf das Organisieren von Massenaufständen sein, ohne große Vorbereitungen und ohne Aufsehen zu erregen. Andererseits könnten durch die staatliche Überwachung des Internets exakt so schnell Sicherheitskräfte am richtigen Ort zur richtigen Zeit platziert werden. (5) *Costs*: Der Vorteil, dass Mobilisierungskosten für oppositionelle Kräfte durch das Internet sehr gering gehalten werden, liegt durch eine verhältnismäßig kostengünstige Überwachung ebenfalls auf staatlicher Seite. (6) *Flexibility*: Aufständische könnten schnell von Internet und Sozialen Netzwerken zu traditionellen Mitteln wie Flugblättern, Telefonen und Faxgeräten switchen, aber auch der Staat kann seine Überwachungsmethoden durch Observation, V-Leute und die Festnahme von Schlüsselpersonen den Bedingungen anpassen. (7) *Resilence*: Auch hier halten Befürworter das Internet für ein robustes Mittel, da durch Hackingmethoden staatliche Eingriffe übergangen werden könnten. Andererseits kann der Staat durch das landesweite Lahmlegen des Internetzzuganges auch *darauf* reagieren. (8) *Propaganda/media diplomacy*: das Internet und speziell Soziale Netzwerke bieten eine Plattform um vom Brandherd Informationen an die internationale Gemeinschaft zu übermitteln, andererseits kann auch der Staat durch gezielte Fehlinformationen die Glaubwürdigkeit und Unfehlbarkeit der Aufständischen infrage stellen.[2]

Zwei Beispiele

Doch begeben wir uns von dieser Meta-Ebene zu unseren konkreten Beispielen und schauen uns die Rolle des Internets während des arabischen Frühlings im Iran sowie in Ägypten an. Im Iran haben wir es mit einer mehrheitlich jungen und grundlegend gebildeten Bevölkerung zu tun. Während der letzten Dekade hat die Führung in Teheran erkannt, dass im Internet sowohl ein großes wirtschaftliches Potenzial, als auch die Möglichkeit der Verbreitung revolutionärer islamischer Propaganda liegt. Folgen wir Karagiannopoulos, so verfügen 43% der iranischen Bevölkerung über einen Zugang zum Internet, davon 70% über mobiles Internet. Die Bevölkerung, so Karagiannopoulos, hat für sich erkannt, dass im Internet eine Alternative zu den staatlich kontrollierten Medien liegt. Doch auch die Führung in Teheran hat im Laufe der letzten Jahre das risikoreiche Potential des Internets als Plattform zum Austausch und zur Koordination von Regierungskritikern erfasst und fest gestellt, dass der globale Austausch iranischer Bürger, vor allem mit der westlichen Welt viele Risiken birgt. So hat die iranische Führung unter Federführung von Ex-Präsident Mahmud Ahmadinedschad viele regulierende Gesetze erlassen, welche unter anderem die Drosslung der Internetgeschwindigkeit auf 128 Kbps drosselte. Gerade diese Maßnahme sollte die Nutzung von Flashgestützten Seiten wie Facebook oder YouToube erschweren. Als 2009 im Zuge der Wiederwahl Ahmadineschads die Green Movement Bewegung gegen Korruption und Verfassungswidrigkeiten auf die Straße ging, blieb den Demonstranten letztlich nur der Internetdienst Twitter als zweckmäßiges Mittel zur Äußerung ihres Unmutes. In diesem Fall sind die Auffassungen der *techno-realists* anscheinend zutreffend: Aufgrund der in den Jahren zuvor getroffenen Regulierungsmaßnahmen hatte das Internet in Bezug auf den alternativen Informationsaustausch schon zu Beginn der Proteste an Schlagkraft verloren. Auch die Drosselung der Internetgeschwindigkeit entzog Portalen wie YouTube jegliche Fähigkeit des

---

[2] Vgl. Comunello, Francesca / Anzera, Giuseppe 2012: Will the Revolution be Tweeted? A Conceptual Framework for Understanding the Social Media and the Arab Spring, in: Islam and Christian Muslim Relations 2012: 4, S. 463 – 464.

taktischen Trainings für Aufständische. Doch auch der vermeintliche Vorteil des einfachen und wenig aufsehenerregende Planens von Demonstrationen konnte durch staatliche Überwachung relativiert werden, es kam zu Verhaftungen von Schlüsselpersonen. Letztlich erwies dich das Internet auch nicht als robustes Mittel, da der Staat flächendeckend das Netz lahmlegte.[3]

Ob es in Ägypten womöglich anders verlief? Zunächst ist die Ausgangsbasis ähnlich wie im Iran. Auch Ägypten hat die Führung über das letzte Jahrzehnt das Internet als Schlüsselmedium für Wirtschaftswachstum und die Verbesserung von Bildung und medizinischer Versorgung anerkannt. Eine Regulierung des Internets hat es in Ägypten so nie gegeben. Erst 2008 stellte die Regierung die Bereitstellung von Mobiltelefonen ohne Nachweise der Empfänger ein. Während der Proteste 2011 schien sich das Internet als wirksamstes Medium in puncto Organisation, Kommunikation und Verbreitung von Gedankengut zu erweisen. Überzeugt davon ist zum Beispiel Google Executive und Rädelsführer der Protestbewegung, Wael Ghonim, den das amerikanische Time Magazin 2011 in der Time 100-Liste als einflussreichste Persönlichkeit der Welt bezeichnete. Ihm zufolge hätte die Revolution ohne Onlinekommunikation und –Koordination nie entfachen können. Doch auch die Führung in Kairo machte sich das Internet zu Nutze: Durch Filterung von Sozialen Netzwerken und Überwachungssoftware konnten Demonstranten geortet und die Verantwortlichen der über soziale Netzwerke organisierten Proteste verhaftet werden. Ende Januar 2011 veranlasste Präsident Mubarak zudem das landesweite Außerkraftsetzen des Internets sowie die Lähmung des mobilen Internets um Informationsflüsse nach und aus Ägypten heraus zu begrenzen. Regierungsgegner gelang es mittels Hackingmethoden die Maßnahmen der Regierung zu umgehen, allerdings verlagerte sich ein Großteil der Kommunikation auf traditionelle Kommunikationsmittel. Zu dieser Zeit hatten die Proteste allerdings eine so starke Intensität angenommen und auch Polizei und Militär hatten sich bereits von der Regierung abgewandt.[4]

Konklusion

Es gibt also nachwievor zwei Auffassungen über die Rolle des Internets während des arabischen Frühlings: Auf der einen Seite die Überzeugung, dass die Kombination verschiedener Sozialer Netzwerke für die Manifestation der Proteste und die Umsetzung revolutionärer Veranstaltungen unumgänglich war, auf der anderen Seite die Ansicht, dass viele der Demonstranten eher auf traditionelle Medien zurückgriffen und Soziale Netzwerke eher für den privaten Austausch nutzten. Für letzteres spricht, dass die Menschen trotz des Lahmlegens der Internet- und Telefonleitungen trotzdem zu den Protesten kamen und auf die Straße gingen. Unterstützt wird diese Ansicht auch von denen, die sagen, dass es hier nicht um das Internet, sondern vielmehr um die Sorgen und Nöte der Bevölkerung ging.[5] Also bietet das Internet viele Möglichkeiten der vernetzten Kampagnenführung, es birgt aber dennoch Risiken und ist bei weitem nicht so Robust und widerstandsfähig, wie von vielen digital-evangelists angenommen. Karagiannopoulos ist der Ansicht, dass wir das Internet als ersten, Teilschritt zu offline Aktivitäten auf den Straßen und weiter als paralleles, simultanes Begleitmedium betrachten sollten. Denn keine der Revolutionen wäre ohne die zahlreichen Proteste und die wahrhaften Risiken, denen sich die Demonstranten ausgesetzt haben über die Bühne gegangen. Und man müsse anmerken, dass es Revolutionen auch vor Sozialen Netzwerken gegeben habe.[6]

---

[3] Vgl. Karagiannopoulos, Vasileios 2012: The Role of the Internet in Political Struggles: Some Conclusions from Iran and Egypt, in: New Political Science 2012: 2, S. 153 – 156.
[4] ebd. S. 157 – 160.
[5] ebd. S. 161 – 164.
[6] ebd. S. 169 – 170.